Knaur

Irmgard Lang

Spiele selbst basteln

35 Ideen von Kindern für Kinder

Ab 4 Jahren
Mit Vorlagen

www.knaur-kreativ.de

INHALT

Vorwort

Material

Spiele für Drinnen

Partyspiele

Spiele für Drinnen und Draußen

Spiele für Draußen

An alle Bastelfinger!

Tischspiele, Geschicklichkeitsspiele, Partyspiele, Spiele für Drinnen und Draußen – alles selbst gebastelt. So macht es doch gleich doppelt Spaß!
Spielt ihr gerne? Auch eure Eltern werden wieder zu Kindern, wenn sie mitspielen dürfen, und es macht gleich noch viel mehr Spaß, wenn alle zusammen das Spiel selbst gebastelt haben. Ihr könnt Spiele nach eigenen Ideen und Vorstellungen mit einfachen Mitteln machen, ohne teures Material im Bastelladen kaufen zu müssen. Fragt doch mal eure Eltern, was sie als Kinder gerne gespielt haben. Ganz schnell kommen ihnen sicher viele Ideen, die ihr übernehmen könnt oder aus denen ihr neue Spiele macht. Kindergeburtstage, Faschingsfeste oder ein ganz normaler Nachmittag sind gute Gelegenheiten, ein Spiel zusammen zu gestalten und es dann miteinander zu spielen.
Einige von diesen Spielen könnt ihr alleine spielen, andere zusammen mit Geschwistern und Freunden.
Es sind Vorschläge für Spiele im Zimmer und für Spiele im Freien, für Tischspiele, Wettspiele und Geschicklichkeitsspiele.
Viele Dinge des täglichen Gebrauchs werden achtlos weggeworfen, dabei können diese Sachen für selbst gebastelte Spiele wunderbar verwendet werden.
Auch der Umwelt zuliebe! Ich zeig euch, was aus Eierschachtel, Suppendose und vielem mehr entstehen kann. Nur manchmal braucht man etwas aus dem Bastelladen.
Sammelt zu Hause in einer Kiste alles, was nicht mehr gebraucht wird, z. B. Dosen, Schachteln, Klorollen, Korken, Geschenkpapier usw. Auch beim Spaziergang durch die Natur könnt ihr viele Dinge, z. B. Tannenzapfen, Nüsse, Zweige oder Blätter sammeln, die für das eine oder andere Spiel verwendet werden können.

Nun ganz viel Spaß beim Basteln und Spielen,
los gehts!

Eure Irmi

Material

Papier & Co

Pappe

Hierfür kann jede Pappe, z. B. ein Kalenderrücken oder Verpackungsbeilagen, verwendet werden. Die Pappe sollte nicht zu dick sein, sodass sie leicht zu schneiden ist. Sie eignet sich gut für Schablonen.

Butterbrotpapier

gibt es nur in weiß, es ist dünner als Transparentpapier.

Tonpapier

gibt es in unterschiedlichen Farben, Größen und Stärken. Durch die etwas raue Oberfläche ist das Papier sehr griffig und für Kinder sehr leicht zu schneiden. Auf Tonpapier kann man gut malen und drucken.

Fotokarton

Hierbei handelt es sich um einen durchgefärbten Karton, den es in vielen Farben, unterschiedlichen Größen und verschiedenen Stärken gibt.

Geschenkpapier

ist meist auf einer Seite bunt bedruckt, auf der anderen Seite ist es weiß. Man erhält das Papier mit matter oder glänzender Oberfläche in vielen Farben. Gebrauchtes Geschenkpapier und Papierreste immer aufheben, man kann sie vielseitig verwenden.

Regenbogenpapier

ist ein ungummiertes Glanzpapier mit in sich verlaufenden Farben. Dieses Papier eignet sich vor allem für einfache aber wirkungsvolle Arbeiten.

Schleifpapier

gibt es mit unterschiedlich gekörnten Oberflächen. Schleifpapier ist in jedem Baumarkt erhältlich. Es eignet sich zum Aufrauen von glatten Oberflächen und Abschleifen von rauen Kanten.

Raufasertapete
Hierbei handelt es sich um festeres Papier in dessen Oberfläche z. B. kleine Holzstückchen eingearbeitet sind. Raufasertapete kann man hervorragend bemalen.

Krepppapier
ist ein schmiegsames und dehnbares Material, das es in vielen leuchtenden Farben gibt. Vorsicht, es färbt ab, wenn es mit Feuchtigkeit in Berührung kommt.

Accessoires

Streichholzschachteln
Alle leeren Schachteln sammeln, sie sind vielseitig verwendbar.

Schuhkarton
Alle Schuhkartons aufheben, sie eignen sich für vielerlei Dinge, u.a. zum Aufbewahren von Bastelmaterialien.

Klopapierrollen
sind aus dünner Pappe, die Rollen gibt es mit verschiedenen Durchmessern.

Eierpaletten
sind aus Pappe, es gibt sie mit glatter oder gerauter Oberfläche.

Bierfilze
sind aus Pappe, ideal zum Bemalen oder Bekleben. Ihre Form ist meist rund oder quadratisch. Die runden Bierfilze haben einen Durchmesser von etwa 10 cm.

Kronkorken
Die Deckel von Bierflaschen sind an der Oberfläche glatt, an der Unterseite befindet sich ein gewellter Rand. Eignen sich gut als Spielsteine.

Sektkorken
haben an der Oberseite eine Rundung und eignen sich vor allem als Spielfiguren. Sie lassen sich gut bemalen.

Holzwürfel

sind im Fachhandel in verschiedenen Größen ohne Aufschrift zu bekommen.

Buttermilchbecher und Joghurtbecher
sind in verschiedenen Größen erhältlich, können aber auch nur beklebt oder mit Lackfarbe bemalt werden, andere Farben halten nicht.

Trinkjoghurtbecher
sind vor allem geeignet, um Figuren herzustellen. Die Trinkflaschen werden am besten mit Lackfarbe bemalt, andere Farben halten nicht auf der glatten Oberfläche.

Überraschungseier
Die kleinen gelben Eier findet man in den bekannten Schokoladeneiern.

Styropor
Platten und Kugeln sind in verschiedenen Größen erhältlich. Beides kann mit einem Cutter leicht in Form gebracht werden. Sie sind sehr leicht.

Watte
In diesem Buch wurde für die Ideen haushaltsübliche Watte verwendet. Watte gibt es in verschiedenen Farben.

Wattekugeln
bestehen aus fest gepresster Watte, es gibt die Kugeln in verschiedenen Größen. Durch Pressen oder Beschneiden kann ihre Form verändert werden.

Märchenwolle
aus Baumwolle oder Synthetik, gibt es in vielen leuchtenden Farben. Sie wird zu Bildern geformt und gelegt und eignet sich auch zum Filzen.

Filz
ist im Fachhandel als Platte oder als Meterware erhältlich. Es gibt ihn in vielen leuchtenden Farben. Filz ist für Nähanfänger gut geeignet, da man leicht mit der Nadel durchstechen kann.

Pompons
gibt es in verschiedenen Größen und Farben.

Fell
ist als Kunstfell und Echtfell erhältlich.

Fischkonserven und Konservendosen
eignen sich hervorragend zum Basteln. Immer gut auswaschen! Außerdem muss der obere Rand ganz glatt sein, um Verletzungen vorzubeugen.

Kaffeedosen
sind ideal zum Basteln, es gibt sie in verschiedenen Größen.

Knöpfe
Schneidet von alten Kleidungsstücken die Knöpfe ab und sammelt sie in einer Dose.
Knöpfe gibt es aus Metall, Holz, Kunststoff usw., mit zwei oder vier Löchern.

Wackelaugen
sind in verschiedenen Größen erhältlich, sie sind aus Plastik und haben bewegliche Pupillen. Vorsicht bei Kleinkindern!

Nylonfaden
Der bis zu 4 kg belastbare Faden eignet sich zur Schmuckherstellung und zum Aufhängen von Dekorationen.

Blumendraht
ist verzinkter Eisendraht, er wird auf Spulen angeboten.

Geschenkbänder
sind in verschiedenen Breiten und Farben erhältlich.

Fimo
ist eine Modelliermasse. Das fertig modellierte Objekt nach Anleitung im Ofen härten. Dabei den Raum gut durchlüften.

Farben & Hilfsmittel

Lackfarben

gibt es in vielen Farben. Es ist hochglänzender oder matter Acryllack, wetterfest und speichelfest, auf Wasserbasis. Er ist hochdeckend.

Acrylfarben

Universelle, samtmatte Acrylfarbe. Cremig leicht vermalbar, gute Deckkraft, schnell trocknend und wasserfest. Acrylfarbe gibt es in vielen leuchtenden Farbtönen, ideal zum Bemalen von Papier, Pappe und Holz.

Wasserfester Filzstift

Universeller Malstift zum Schreiben und Verzieren. Er ist matt, sehr gut deckend, schnell trocknend und lichtecht.

Filzstifte

In diesem Buch wurden handelsübliche Filzstifte in verschiedenen Farben verwendet. Filzstifte gibt es in unterschiedlichen Strichbreiten. Am besten kauft man Filzstifte mit dicken und dünnen Spitzen.

Sekundenkleber

Schnelltrocknender Blitzkleber, gehört nicht in Kinderhände.

Flüssigklebstoff

gibt es mit und ohne Lösungsmittel. Bei Klebstoff ohne Lösungsmittel wellt das Papier sehr stark und das Geklebte hält nicht so gut. Klebstoff mit Lösungsmittel ist schnelltrocknend und wasserfest. Wenn mit Klebstoff gearbeitet wird, sollte der Raum immer gut durchlüftet werden.

Papierkleber

ist ein transparent trocknender, lösungsmittelfreier und auswaschbarer Klebstoff, der sich vor allem für Papier, Pappe und zum Ankleben von Federn und Watte eignet.

Styroporkleber

ist ohne Lösungsmittel. Die Lösungsmittel im Klebstoff beschädigen das Styropor.

Bastelwerkzeuge

Zange

Ein Seitenschneider oder eine kleine Zange aus dem Werkzeugbestand sind für die Ideen im Buch ausreichend.

Ahle

Dieses Werkzeug hilft, in harte Materialien ein Loch zu bohren.

Hilfreiche Tipps

Das Abpausen von Vorlagen

Viele Figuren werden mehrmals benötigt, dazu ist es sinnvoll, sich eine Schablone von der Vorlage anzufertigen. Dazu verwendet man am besten Pergamentpapier oder Butterbrotpapier. Außerdem benötigt man einen weichen Bleistift.

Das Pergamentpapier auf die Vorlage, die abgepaust werden soll, legen und mit dem Bleistift die Konturen nachmalen. Das Papier dabei festhalten. Vor dem Entfernen des Pergamentpapiers genau kontrollieren, ob alle Linien nachgezeichnet sind.

Das Pergamentpapier mit den Bleistiftlinien nach unten auf die dünne Pappe legen, die als Schablone dienen soll. Alle Konturen mit Bleistift noch einmal nachfahren, damit die Linien auf der Pappe zu sehen sind. Dann die Form ausschneiden und als Schablone verwenden.

Bekleben mit Einbandfolie

Um Spielfelder zu schützen, ist es ratsam, sie mit durchsichtiger Einbandfolie zu beziehen. Da die Einbandfolie auf einer Seite selbstklebend ist, sollte man die Folie Stück für Stück aufkleben. Um Luftblasen beim Überziehen zu vermeiden, kannst du ein Lineal zum Glattstreichen der Fläche benutzen.

Fixieren von Klebekanten

Büro- oder Wäscheklammern sind gute Helfer, um Klebekanten bis zum Trocknen des Klebstoffes aufeinander zu drücken.

Nie zu viel Klebstoff nehmen, oft genügt ein Tupfen.

Stempeln

Etwas Farbe auf ein Blatt Papier geben und den Korken in der Farbe eintauchen. Es ist sehr umständlich, den Korken immer mit einem Pinsel zu bestreichen.

Kleben mit verschiedenen Klebstoffen

Für Krepppapier oder Federn ist es ratsam, einen Papierkleber zu verwenden, denn Krepppapier färbt ab, Federn werden sehr unansehnlich, wenn man sie mit Flüssigklebstoff aufklebt.

Cutter

Sicherheitsmesser mit sehr scharfer Klinge, für Papier, Pappe und Moosgummi. Die Klinge lässt sich in den Schaft schieben, sobald sie nicht mehr gebraucht wird. Cutter gehören nie in Kinderhände.

Scheren

gibt es mit verschiedenen Spitzen. Für Kinder gibt es extra Bastelscheren mit runden Spitzen.

Handbohrer

z. B. von einem Graviergerät, man verwendet am besten einen ganz dünnen Bohrer.

Pinsel

gibt es in verschiedenen Ausführungen, mit Borsten oder Fehhaar und in verschiedenen Stärken. Für das Bemalen mit Lackfarben eignet sich, ein Fehhaarpinsel besser.

Schnell alle Eier einsammeln

Osterhasenwürfelspiel für Zwei oder mehr

Das wird gebraucht

- Konservendosen
- Fellstück
- Watte
- Wackelaugen oder Knöpfe
- Nylonfaden
- Moosgummi rosa oder Papier rosa
- Pappe
- kleine Watteeier oder leere Überraschungseier
- Lackfarben
- Pinsel
- Schere
- Flüssigklebstoff

So wird's gemacht

Überziehe die Konservendosen mit dem braunen Fellstück. Fertige aus der Pappe vier Ohrenteile für den Hasen an, beklebe alle vier Teile jeweils auf einer Seite mit braunem Fell.

Die Wackelaugen oder Knöpfe aufkleben, für die Schnauze aus rosa Moosgummi oder Papier einen Kreis schneiden und mit schwarzem Stift die Schnute aufmalen. Vor dem Anbringen der Nase an der Dose werden einige gleich lange Nylonfadenstücke darun-

tergeklebt. Klebe dann die Ohren fest, ein Ohrenteil wird an der Außenseite der Dose, das andere Teil an der Innenseite der Dose deckungsgleich aufgeklebt. Die Seite mit dem Fell ist bei jedem Ohr die Außenseite, du klebst also die Seiten ohne Fell aneinander. Als Innenohr wird ein bisschen Watte aufgeklebt. Drücke die beiden Teile fest zusammen.
Male die Watteeier mit verschiedenen Farben an, dazu steckst du sie auf einen Schaschlikstab, bemalst das Ei von allen Seiten und steckst den Stab dann in einen Blumentopf. So kann die Farbe gut trocknen.

Spielregel

Es wird ein Würfel mit den Augenzahlen von 1–3 benötigt.
Jedes Kind nimmt sich einen Hasen, es wird abwechselnd gewürfelt. Immer so viele Eier in die Dose geben, wie Augen gewürfelt wurden. Wenn alle Eier eingesammelt sind, wird gezählt, welcher Hase die meisten Eier in seinem Bauch hat.

TIPP

Wenn du die Ohren angeklebt hast, fixiere die Vorder- und Rückseite mit einer Wäscheklammer, so ersparst du dir das lange Festhalten, bis der Klebstoff getrocknet ist.

Piratenspiel

Welcher Pirat überquert die Hängebrücke am schnellsten?

Das wird gebraucht

- 4 Fischkonservendosen
- 4 Sektkorken
- Tonpapier in verschiedenen Farben
- Fotokarton hellblau, dunkelblau, grau
- Fellrest
- Filz schwarz
- Filzstift schwarz
- Stift wasserfest, schwarz
- Lackfarbe weiß, hautfarben, gelb, rot, blau, schwarz
- Pinsel
- Flüssigklebstoff
- Holzwürfel

Vorlagen auf Seite 60

So wird's gemacht

Male die Fischkonservendosen in vier verschiedenen Farben an, das werden die Piratenboote. Verziere die Dosen mit Ankern, Leitern und Rettungsringen.
Male die Sektkorken, die dann zu Piraten werden, mit den Farben der Boote an. Wenn die Farbe getrocknet ist, kannst du mit Hautfarbe ein Gesicht aufmalen. Nach dem Trocknen bekommt jeder Pirat seine Augen, die Nase und den Mund aufgemalt.
Außerdem kannst du den Piraten noch mit weißer Farbe Ringe auf ihre Seemannshemden malen.
Aus dem Fellrest bekommt jeder Pirat einen Bart. Schneide aus schwarzem Filz den Piratenhut, du brauchst für jeden Hut eine Vorder- und eine Rückseite. Wenn du möchtest, kannst du jeden Piratenhut mit einem Totenkopf verzieren. Klebe den Hut zuerst mit der Vorder- dann mit der Rückseite am Korken fest und drücke die Außenkanten gut gegeneinander.
Für das Spielfeld nimmst du einen großen Karton, z. B. Fotokarton. Aus grauem Fotokarton schneidest du vier gleich große Stücke, diese werden die Startfelder für das Spiel. Male auf die graue Fläche viele Steine, so sieht es nach einer echten Kaimauer aus.
Für die Hängebrücke brauchst du ganz viele braune »Bretter«. Übertrage dazu das Brett von der Vorlage auf dünne Pappe und verwende dies als Schablone.
Aus blauem Papier werden die Haie angefertigt. Für die Zähne schneidest du einen schmalen Papierstreifen mit vielen Zacken, die Augen kannst du mit schwarzem Stift aufmalen.

Auf einer Seite des Spielfeldes klebst du die vier Kaimauern nebeneinander. Von hier aus geht die Hängebrücke zum Boot hinüber, dazu klebst du die braunen Streifen (Bretter) hintereinander, immer eine kleine Lücke lassen. Zwischen die Bretter der Hängebrücke klebst du, bei jeder Brücke an einer anderen Stelle, den Hai. Verbinde alle Bretter der Hängebrücke von der Kaimauer bis zum Boot hin mit schwarzen Farbstrichen, die das Seil darstellen sollen.
Aus bunten Papierstücken schneidest du Perlen für die Perlenkette aus. Klebe die Perlen zu einer Kette geformt auf die Hängebrücken, bei jeder Brücke an einer anderen Stelle.
Das Spielfeld kannst du nun noch mit vielen kleinen Fischen, aus blauem Fotokarton, verzieren. Dazu ebenfalls eine Schablone anfertigen, male jedem Fisch die Schuppen sowie die Augen mit schwarzem Filzstift auf.
Lasse dir von einem Erwachsenen den Würfel mit wasserfestem Stift beschriften. Es kommt auf zwei Seiten die Zahl 1, auf zwei Seiten die Zahl 2 und auf zwei Seiten die Zahl 3.

Falls du keine Fischkonservendosen hast, kannst du auch Schachteln verwenden.

Spielregel

Jeder Spieler sucht sich einen Piraten und das dazugehörige Boot. Zu Beginn des Spiels stehen alle Piraten am Kai, die Boote auf der gegenüberliegenden Seite. Es darf um die gewürfelte Augenzahl vorgerückt werden. Kommt man auf den Hai muss man ans Ufer zurück, denn Haie sind gefährlich und könnten einen fressen. Kommt man auf ein Feld mit einer Perlenkette, muss man eine Runde aussetzen, es ist nämlich viel Arbeit, den Schatz im Boot zu verstauen.
Sieger ist der Spieler, dessen Pirat als Erster im Boot ist. Man kann nur mit der passenden Augenzahl ins Boot hüpfen.

Pyramidenbau

Ein Geschicklichkeitsspiel für Groß und Klein

Das wird gebraucht

- Schachteln in verschiedenen Größen
- Papier in verschiedenen Farben
- Schere
- Flüssigklebstoff

So wird's gemacht

Überziehe alle Schachteln mit einem andersfarbigen Papier.

TIPP

Benutztes Geschenkpapier aufheben, glatt streichen und zum Bekleben verwenden.

Spielregel

Versucht möglichst hohe Türme und Pyramiden mit den Schachteln aufzubauen. Wer schafft das höchste Bauwerk?

Paare suchen

Wer hat das beste Gedächtnis?

Das wird gebraucht

- Karton
- Geschenkpapierreste
- Schere
- Flüssigklebstoff

So wird's gemacht

Fertige aus dem Karton viele gleich große Quadrate an, etwa 5 x 5 cm. Immer zwei Karten werden mit dem gleichen Motiv beklebt, nur auf der Vorderseite, die Rückseite sollte bei allen Karten gleich sein, damit keiner der Mitspieler die Karte anhand der Rückseite erkennen kann. Je mehr Karten auf dem Tisch sind, desto spannender ist das Spiel.

Spielregel

Alle Karten werden mit dem Bild nach unten auf dem Tisch verteilt. Jeder Mitspieler darf zwei Karten aufdecken, sind es die gleichen Bilder, darf er die beiden Karten behalten und zwei weitere Karten umdrehen. Sind diese wieder gleich, darf er auch dieses Paar behalten. Sind es zwei verschiedene Karten, werden diese wieder umgedreht und der nächste Mitspieler ist an der Reihe.
Wenn alle Karten weg sind, wird gezählt. Sieger ist der Spieler mit den meisten Paaren.

Zum besseren Schutz kann man die Karten mit selbstklebender Einbandfolie überziehen.

Schildkrötenwettlauf

Welche Schildkröte kommt am schnellsten voran?

Das wird gebraucht

- 4–6 Walnussschalen
- Fotokarton braun
- Tonpapier gelb, rot, hellblau, grün
- Pappfläche groß
- Blumengeschenkpapier
- Wackelaugen oder kleine Knöpfe
- Filzstift schwarz
- Lackfarbe gelb, rot, hellblau, grün, braun
- Pinsel
- Schere
- Flüssigklebstoff
- Holzwürfel

Vorlage auf Seite 60

So wird's gemacht

Beklebe ein großes Stück Pappe mit Blumengeschenkpapier. Falls du kein Blumengeschenkpapier hast, kannst du auch einen Fotokarton mit Blumenwiesenmotiv verwenden. Schneide aus dem gelben, roten, hellblauen und grünen Tonpapier viele gleich große Kreise aus. Daraus entsteht der Weg, den die Schildkröten zurücklegen sollen.

Als Ziel und Startfelder verwendest du Halbkreise aus Tonpapier in gelb, rot, hellblau und grün. Lasse dir von einem Erwachsenen auf einer Seite Start, auf der anderen Seite Ziel auf die Halbkreise schreiben.

Male auf jeden Kreis einen Pfeil, der die Laufrichtung anzeigt.

TIPP

Du kannst dir das Spielfeld mit selbstklebender Einbandfolie überziehen lassen, so ist das Spiel besser geschützt.

Die Schildkröten entstehen aus halben Walnussschalen, die du mit brauner Farbe bemalst. Übertrage den Schildkrötenkörper von der Vorlage auf dünne Pappe und verwende dies als Schablone. Du brauchst mindestens vier Schildkröten.

Schneide den Körper aus braunem Fotokarton aus und klebe die halbe Walnussschale auf dem Körper fest. Jede Schildkröte bekommt einen Punkt in einer anderen Farbe auf den Rücken, um sie beim Spiel auseinanderzuhalten. Kleine Knöpfe dienen als Augen, mit

schwarzem Filzstift werden jeder Schildkröte der Mund und die Nase aufgemalt.
Auf dem Holzwürfel wird eine Seite mit gelber, eine mit roter, eine mit hellblauer und eine mit grüner Farbe bemalt. Zwei Seiten des Würfels bleiben unbemalt.

Spielregel

Jedes Kind sucht sich eine Schildkröte aus und merkt sich gut die Farbe des Punktes, die auf dem Rücken zu sehen ist. Dies ist die Farbe für die Spielfelder auf denen man sich fortbewegen darf.
Alle Schildkröten werden auf die Startfelder gestellt.
Es wird reihum gewürfelt, würfelt man die Farbe seiner Schildkröte, darf man auf dem Spielfeld zu seinem nächsten Farbpunkt vorrücken.
Würfelt man eine weiße Seite, muss man stehen bleiben, ebenso wenn man eine andere als seine eigene Farbe würfelt.
Sieger ist, wer als Erster zum Ziel kommt.

Aufregende Autofahrt

Wer schafft es ohne Hindernisse durch die Stadt zu fahren?

Das wird gebraucht

- Pappfläche oder Fotokarton groß
- Fotokarton weiß, braun
- 8 Streichholzschachteln
- 4–6 Klopapierrollen
- Knöpfe
- Schnur
- Watte
- Filzstifte oder Buntstifte
- Lackfarben
- Pinsel
- Schere
- Flüssigklebstoff
- Holzwürfel

Falls du ganz kleine Knöpfe hast, kannst du diese als Scheinwerfer vorne an das Auto kleben.
Die Bäume sind mit brauner Farbe bemalte Klorollen. Als Baumkrone könntest du z. B. grüne Filzwolle verwenden oder eine grüne Serviette zu einem Ball formen. Für die Wiese kannst du ein Stück weißen Karton mit Blumen bemalen oder mit Blumengeschenkpapier bekleben.
Lasse dir auf den Holzwürfel die Zahlen von 1–6 schreiben.

Wenn du aus kleinen Schachteln noch Häuser basteln möchtest, sieht das Spielfeld viel dekorativer aus.

So wird's gemacht

Schneide aus grauem Fotokarton die Pflastersteine für die Straße aus, diese sind zugleich die Spielfelder auf denen du dein Auto bewegst.
Male auf ein Stück weißen Fotokarton den Zebrastreifen, auf dem Spielfeld sollen etwa vier bis fünf Zebrastreifen sein. Auf einige graue Fotokartonteile werden Reißnägel gemalt.
Als Ausgangspunkt für jedes Auto dient eine Tankstelle. Klebe dazu zwei Streichholzschachteln mit der Querseite aufeinander, klebe zum Halt an der Vorder- und Rückfront einen Streifen weißes Papier.
Jede Tankstelle bekommt eine andere Farbe, in der dann auch die Autos bemalt werden.
Stabilisiere die Tanksäule, indem du sie auf ein Stück braunen Fotokarton klebst.
Für jedes Auto benötigst du eine Streichholzschachtel, jeweils in einer Farbe der Tankstellen. In die beiden Längsseiten sollten je zwei Löcher gebohrt werden, in die du dann je einen Knopf – die Autoreifen – steckst.

Spielregel

Jeder Mitspieler sucht sich eine der Tankstellen aus, die an den Ecken der Spielfelder stehen, und nimmt sich ein Auto in der Farbe der Tanksäule.
Es wird reihum gewürfelt. Wer an einen Zebrastreifen kommt, muss einmal aussetzen, um die Fußgänger vorbeizulassen. Wer auf ein Spielfeld mit den Nägeln kommt, verliert die Luft in seinen Reifen und muss zu seiner Tankstelle zurückfahren. Er beginnt das Spiel von Neuem.
Sieger ist, wer zuerst einmal das gesamte Spielfeld umrundet hat. Man muss mit der passenden Augenzahl in seine Tankstelle einfahren. Wer am Ende der Strecke nicht die passende Würfelzahl hat, muss in der nächsten Runde sein Glück erneut versuchen.

BENZIN
BENZIN
BENZIN

Schäfchen schnapp den Klee

Ein Geschicklichkeitsspiel für einen Spieler

Das wird gebraucht

- Konservendose
- Watte
- Fotokarton braun oder Moosgummi braun
- Fotokarton grün
- Lackfarbe grün
- Wackelaugen
- Styroporkugel
- Schnur
- Filzstift schwarz
- Ahle
- Schere
- Flüssigklebstoff

Vorlagen auf Seite 60

Die Styroporkugel in der Mitte durchschneiden, bei jüngeren Kindern sollte dies ebenfalls ein Erwachsener machen. Beide Hälften mit grüner Farbe bemalen, am besten wäre eine grüne Lackfarbe, da diese nicht so schnell abblättert.
Aus grünem Fotokarton das Kleeblatt schneiden, dieses zwischen den beiden Kugelhälften befestigen, ebenso ein Ende der Schnur. Das andere Ende der Schnur wird in das Loch am Dosenboden gefädelt und mit mehreren Knoten befestigt.

Für jüngere Kinder kleine Konservendosen verwenden, sie sind leichter zu greifen.

So wird's gemacht

In den Boden der Dose mit einer Ahle ein Loch stechen, dies sollte aber ein Erwachsener machen. Die Konservendose an der Außenseite komplett mit Klebstoff bestreichen und mit Watte bekleben, bis von der Dose nichts mehr zu sehen ist.
Aus braunem Fotokarton schneidest du den Kopf des Schafes aus, dazu den Kopf von der Vorlage auf dünne Pappe übertragen und diese als Schablone verwenden. Die Wackelaugen oder schwarze Knöpfe aufkleben und mit schwarzem Filzstift die Nase und den Mund aufmalen.
Den Kopf auf die Watte kleben.

Spielregel

Dieses Geschicklichkeitsspiel ist für Groß und Klein. Es ist gar nicht so einfach, das Kleeblatt in die Schäfchendose zu befördern. Nimm das Schaf in eine oder auch in beide Hände und versuche, das Kleeblatt im Schwung einzufangen.

Lustiges Krebswürfelspiel

Schnell ins kühle Nass!

Das wird gebraucht

- 4–6 Muscheln
- Raufasertapete
- Fotokarton ocker, dunkelbraun
- Sand
- Wasserfarben
- Lackfarben
- Filzstift wasserfest, schwarz
- Pinsel
- Schere
- Flüssigklebstoff
- Holzwürfel

Vorlagen auf Seite 60

So wird's gemacht

Male vier Muscheln an, jede in einer anderen Farbe. Fertige von den Krebsbeinen eine Schablone an, denn unter jede Muschel werden Beine geklebt.
Male die Raufasertapete bis auf einen Streifen von etwa 10 cm mit gelber Farbe an. Den Streifen, den du frei gelassen hast, kannst du mit blauer Farbe bemalen, das soll das Meer darstellen und zugleich das Ziel der Krebse.
Wenn die Farbe getrocknet ist, kannst du mit Sand die Spielfelder aufkleben, male dazu für jeden Krebs die gleiche Anzahl an Spielfeldern mit Bleistift vor, bestreiche die Spielfelder dann reichlich mit Klebstoff und streue den Sand darauf. Lasse den Klebstoff mit dem Sand gut trocknen und schüttle das Spielfeld dann über einer Zeitung aus, um den überschüssigen Sand aufzufangen.
Aus ockerfarbenem Fotokarton kannst du die Seesterne anfertigen. Für das Startfeld werden die größeren Seesterne verwendet, als Verzierung für die Spielfläche kannst du mehrere kleine Seesterne ausschneiden und aufkleben.

Auf die großen Seesterne wird Start geschrieben, hier beginnen alle Krebse ihren Weg zum Meer.
Je nach Alter der Mitspieler wird der Würfel mit den Augenzahlen 1–3 oder 1–6 beschriftet.

TIPP

Es gibt Bastelsand zu kaufen, falls du keinen Sandkasten in der Nähe hast.

Spielregel

Jeder Mitspieler sucht sich seinen Krebs aus. Die Krebse liegen am Strand und sollen um die Wette ins Wasser laufen.
Bei einer 1 und einer 3 darf man um die gewürfelte Augenzahl in Richtung Meer laufen, bei einer 2 muss der Krebs in der Sonne sitzen bleiben.

TIPP

Wenn ältere Kinder mitspielen, können Schikanen eingebaut werden, d. h. bei einer 4 muss der Krebs an den Start zurück, bei einer 6 muss der Mitspieler einmal um den Tisch laufen und sein Krebs bleibt auf dem Spielfeld stehen.

Wichtelweitsprung

Welcher Zwerg springt denn am weitesten?

Das wird gebraucht

- Eierpalette
- Geschenkpapier mit Blumenmuster
- 4–6 Sektkorken
- Filzstücke in verschiedenen Farben
- Filzstift schwarz
- Acrylfarbe in verschiedenen Grüntönen
- Watte
- kleine Knöpfe
- Holzperlen
- Pinsel
- Schere
- Flüssigklebstoff

So wird's gemacht

Bemale die Eierpalette mit grüner Farbe. Am schönsten sieht es mit hellgrüner Farbe aus. Die Farbe gut trocknen lassen, in der Zwischenzeit kannst du Blumen aus dem Geschenkpapier ausschneiden. Wenn die grüne Farbe getrocknet ist, kannst du die Blumen auf die Eierpalette kleben. Lass dir von einem Erwachsenen in einige Vertiefungen der Eierpalette mit dem schwarzen Filzstift Zahlen von 1–3 schreiben.

Für die Wichtelmütze aus vier verschiedenen Filzfarben, es können auch andere Stoffreste sein, Halbkreise schneiden. Drehe diese zu einer Tüte und klebe sie als Mütze um den Sektkorken.
Als Augen kannst du kleine Knöpfe verwenden, als Nase eine kleine, rote Holzperle.
Um das Gesicht wird ein Bart aus Watte oder Märchenwolle geklebt.
Als Katapult kannst du ein Brettchen verwenden, das über einen Stock gelegt wird.
Den Wichtel auf einer Seite draufstellen, fest auf die andere Seite hauen und schon springt der Wichtel durch die Luft.

Spielregel

Jeder Mitspieler sucht sich einen Wichtel aus. Das Katapult wird bei jedem Kind gleich weit von der Blumenwiese entfernt aufgestellt. Nun versucht jeder Mitspieler seinen Wichtel in die Blumenwiese hüpfen zu lassen. Zunächst sollte man eine Proberunde machen, um das Katapult einschätzen zu können. Die Zahl, die in der Mulde steht, wo der Wichtel gelandet ist, wird aufgeschrieben. Nach fünf Runden werden diese Zahlen zusammengezählt, wer hat die meisten Punkte?

Die Wichtelmütze sieht lustiger aus, wenn du die Spitze der Mütze mit etwas Klebstoff auf die Seite biegst. Das kannst du mit einer Wäscheklammer fixieren, das erspart dir das Halten, bis der Kleber getrocknet ist.

Schneckenrennen

Welche Schnecke braucht am längsten?

Das wird gebraucht

- Fotokarton gelb, hellgrün, hellbraun, schwarz
- Tonpapier in verschiedenenn Farben
- Fimo
- 4–6 echte Schneckenhäuser
- Knöpfe oder Wackelaugen
- Lackfarbe gelb, rot, blau, grün
- Blumendraht
- Pompons
- Pinsel
- Filzstift wasserfest, schwarz
- Draht
- Holzwürfel
- Schere
- Flüssigklebstoff

Vorlagen auf Seite 61

So wird's gemacht

Aus einem großen Bogen Fotokarton oder Pappe entsteht das Spielfeld. Schneide aus hellgrünem Papier viele Salatköpfe aus, diese sind die Spielfelder.
Jede Schnecke bekommt ihren eigenen Weg. Als Startfeld und Zielfeld für jede Schnecke schneidest du je einen größeren Salatkopf zurecht. Ein Erwachsener soll dir Ziel und Start darauf schreiben.
Aus buntem Papier fertigst du dann einige Blumen an, diese werden gut verteilt zwischen die Salatköpfe geklebt. Du kannst mit schwarzem Filzstift Pfeile auf die Salatköpfe und Blumen malen, um die Laufrichtung anzudeuten.
Die Raben sind aus schwarzem Fotokarton. Dazu aus einem 2 cm breiten schwarzen Streifen eine Rolle machen und zusammenkleben. Aus gelbem Fotokarton einen Schnabel schneiden, als Augen kannst du Wackelaugen oder weiße Knöpfe verwenden. Der Schwanz besteht aus einem Stück schwarzem Fotokarton, der mehrmals eingeschnitten ist. Die schmalen Streifen etwas umknicken und an die Rolle kleben.
Wer möchte kann das Spielfeld noch mit Würmern, Käfern etc. verzieren.
Für die Schnecken brauchst du Fimo. Forme die Schneckenkörper, setze die echten Schneckenhäuser und die Fühler, die aus einem Stück Draht entstehen auf. Dann kommt alles nach Anleitung in den Ofen. Auf jeden Fühler kannst du dann einen kleinen braunen Pompon kleben oder aus braunem Papier geformte Kügelchen.
Bemale jedes Schneckenhaus mit einer anderen Farbe.
Der Holzwürfel bekommt als höchste Zahl eine Drei.

TIPP

Zum besseren Schutz des Spielfeldes kannst du es mit selbstklebender Klarsichtfolie von einem Erwachsenen überziehen lassen.

Spielregel

Verteile die Raben auf dem Spielfeld, auf jedem Weg zum Ziel sollte ein Rabe stehen.
Jede Schnecke steht auf ihrem Startfeld. Es wird reihum gewürfelt, man darf um die gewürfelte Augenzahl nach vorne gehen. Kommt man auf eine Blume, muss man eine Runde aussetzen. Kommt man zu einem Raben, muss man zum Start zurück.
Der Spieler, der als Erster ins Ziel kommt, ist der Verlierer, denn Schnecken bewegen sich ganz langsam voran.

Froschteich

Wer schafft es, dass alle Frösche gleichzeitig im Teich sind?

Das wird gebraucht

- Plastikbox rund, durchsichtig
- Papier oder Pappe weiß
- Fotokarton gelb, hell- und dunkelgrün
- Tonpapier gelb, blau, verschiedene Grüntöne
- Butterbrotpapier
- Geschenkpapier mit Blumen
- Wackelaugen
- Filzstift rot, schwarz
- Schere
- Flüssigklebstoff

Vorlagen auf Seite 62

So wird's gemacht

Zehn Kreise in der Größe des Bodens der Plastikbox ausschneiden und jeweils fünf davon aufeinanderkleben. Aus blauem Tonpapier einen Kreis in der gleichen Größe ausschneiden und auf die Unterseite des einen Kreisstapels kleben. Auf die Oberseite dieses Stapels klebst du einen Kreis aus Blumengeschenkpapier.

Wenn diese Kreise getrocknet sind, schneidest du in die Mitte ein Loch, das aussieht wie ein Teich.
Aus dem Blumenpapier einen schmalen Streifen schneiden, der wie ein Bogen neben den Teich geklebt wird.
Schneide aus einem grünen Tonpapierstreifen den Grasrand. Diesen um die Blumenwiese kleben, die Wiese dann am Boden der Box mit Klebstoff befestigen.
Aus dunkelgrünem Fotokarton werden die Frösche angefertigt, der Kopf wird aus hellgrünem Fotokarton geschnitten. Mit rotem Filzstift kannst du den Mund aufmalen und die Wackelaugen anbringen.
Schneide die Bienen aus gelbem Fotokarton und male mit schwarzem Filzstift die Streifen darauf, die Flügel entstehen aus Butterbrotpapier, klebe diese unter den Körper.
Aus gelbem Tonpapier fertigst du die Sonne an, die Wolken werden aus blauem Tonpapier geschnitten. Dekorativer ist es, wenn du an die beiden gegenüberliegenden Seiten jeweils eine Sonne klebst. Die Bienen und die Wolken an der Außenseite der Box verteilt aufkleben.
Die Box nicht zukleben, so kannst du die Frösche im Notfall mit der Hand in die richtige Position bringen.

TIPP

Wenn du kein Blumengeschenkpapier hast, kannst du auf ein grünes Papier eine bunte Blumenwiese malen.

Spielregel

Die drei Frösche liegen auf der Wiese verteilt herum. Nun versuchst du durch Schütteln die Frösche durch den grünen Bogen in den Teich hüpfen zu lassen. Dabei dürfen die Frösche, die schon in den Teich gesprungen sind, nicht herausfallen.

Kirschenschnippen

Wer schnippt die meisten Kirschen ins Tor?

Das wird gebraucht

- Schuhkarton
- Kronkorken
- Tonpapier gelb
- Moosgummi grün
- Lackfarbe rot, grün
- Pinsel
- Schere
- Flüssigklebstoff

Vorlagen auf Seite 61

So wird's gemacht

Male alle Kronkorken an der Außenseite mir roter Lackfarbe an. Aus grünem Moosgummi wird das Blatt der Kirsche angefertigt.
Das Blatt wird nun zwischen zwei Kronkorken geklebt. Lasse dir von einem Erwachsenen drei unterschiedlich große Tore aus einem Schuhkarton herausschneiden. Überziehe den Karton dann mit gelbem Tonpapier und bemale ihn mit Kirschen. Über die Tore schreibst du die Zahlen 1–3, das sind die Punkte, die man erzielen kann. Den Rand der Tore kannst du ebenfalls mit Farbe verzieren.

Falls du keine Kronkorken hast, kannst du das Spiel mit echten Kirschkernen oder kleinen Knöpfen spielen.

Spielregel

Die Kirschen liegen alle in der gleichen Entfernung vor den Toren. Der Reihe nach schnippt jeder nun die Kirschen in die Tore. Dabei werden die Punkte, die über den Toren stehen, zusammengezählt. Wie viele Durchgänge wollt ihr machen?

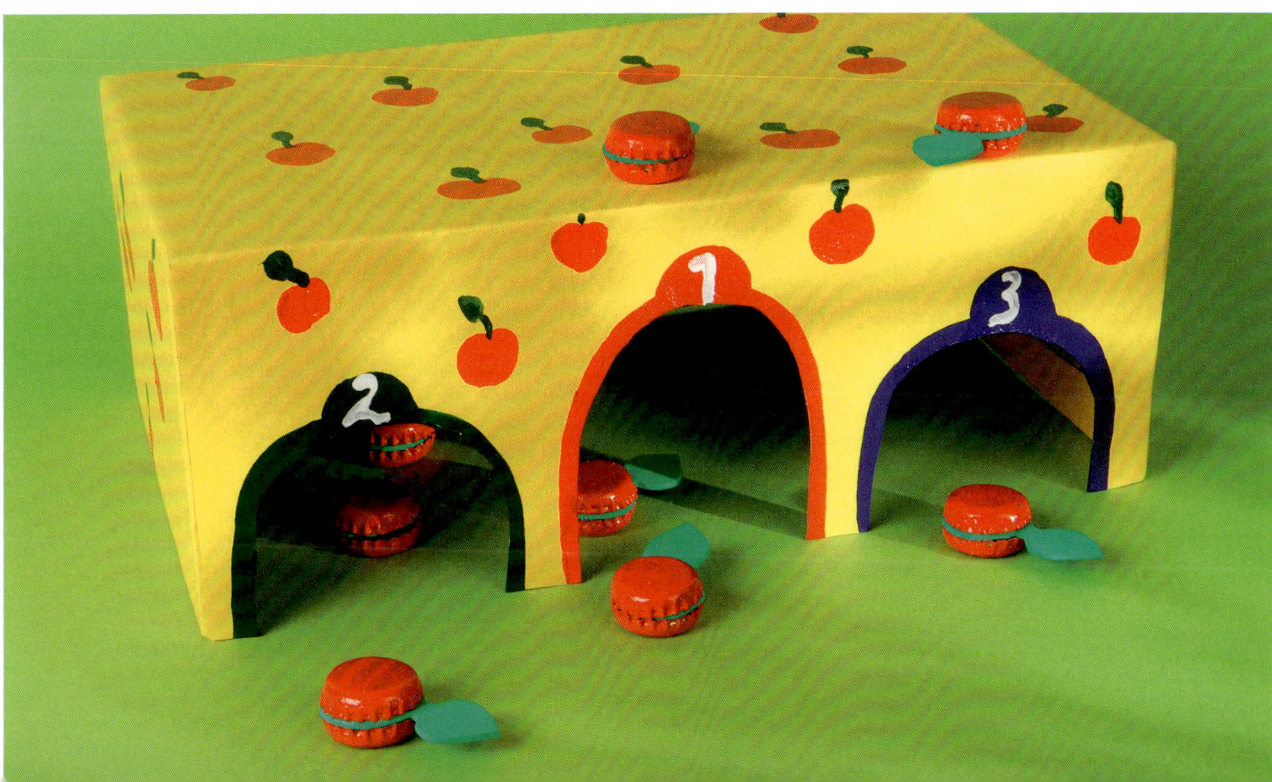

Nikolauswettrennen

Welcher Nikolaus bringt die meisten Päckchen zu seinem Sack?

Das wird gebraucht

- Fotokarton weiß, rosa, rot, hellgrün, dunkelgrün, braun
- Tonpapier in verschiedenen Farben
- Tapete oder Geschenkpapier beige
- Watte
- Märchenwolle oder Watte bunt
- Styroporstücke
- Filzstift rot, blau
- Filzstift wasserfest, schwarz
- Schere
- Flüssigklebstoff
- Holzwürfel

Vorlagen auf Seite 61 und 62

So wird's gemacht

Den großen und den kleinen Tannenbaum sowie den Sack von der Vorlage auf dünne Pappe übertragen für die Schablone. Vier kleine Tannenbäume aus dunkelgrünem Fotokarton schneiden (Startfelder). Vier Säcke, aus braunem Fotokarton, sind das Ziel.
Die hellgrünen Tannenbäume kannst du in beliebiger Anzahl anfertigen. Sie stehen auf dem Spielfeld verteilt herum. Du brauchst pro Baum zwei Stück. Schneide dann bei dem einen Baum mittig einen schmalen Schlitz von unten, bei dem anderen Baum einen schmalen Schlitz von oben hinein. So kannst du die beiden Bäume zusammenstecken und sie stehen von allein.

Für den Körper der Nikoläuse brauchst du Halbkreise aus rotem Fotokarton. Drehe diese Form dann zu einer Tüte, die du zusammenklebst. Aus rosa Tonpapier fertigst du das Gesicht an, schneide es aus und klebe es dem Nikolaus auf. Male den Mund, die Nase und die Augen mit Filzstiften auf.
Aus Watte entstehen der Mützen- und der Mantelrand sowie der Bart. Jeder Nikolaus bekommt eine andersfarbige Mützenspitze. Am besten nimmst du Märchenwolle oder Watte, jeder Mitspieler hat seine Farbe.
Schneide aus Styropor 2 x 2 cm große Stücke und wickle sie in buntes Tonpapier. Von diesen Päckchen können mehrere in der gleichen Farbe sein.
Für den Weg von jedem Nikolaus schneidest du aus Tapete oder beigem Geschenkpapier die Schneespuren aus. Jeder Weg muss gleich viele Schneespuren haben.
Als Spielfeld dient ein großer Bogen aus weißem Fotokarton. Klebe an der einen Seite die dunkelgrünen Tannenbäume nebeneinander, auf der gegenüberliegenden Seite die Säcke. Dazwischen wird der Weg für jeden Nikolaus geklebt. Zur Verzierung malst du mit schwarzem Filzstift Tierspuren auf den Fotokarton und klebst Watte auf.
Lasse dir auf den Würfel auf zwei Seiten ein Päckchen, auf eine Seite eine Sonne und auf die restlichen Seiten eine 1, eine 2 und eine 3 mit wasserfestem Stift malen.

Spielregel

Jeder Mitspieler hat einen Tannenbaum als Start.
Wer eine Zahl würfelt, geht um die gewürfelte Augenzahl auf seinem Weg vorwärts, würfelt er ein Päckchen, darf er sich ein Päckchen vom Spielfeld nehmen und auf seinen Sack legen. Würfelt man eine Sonne, muss man eine Runde aussetzen.
Sieger ist, wer am Schluss die meisten Päckchen in seinem Sack hat, nicht wer zuerst bei seinem Sack angekommen ist. Man kann nur mit genau passender Augenzahl auf seinen Sack hüpfen.

Regenbogenleiterspiel

Wer erreicht am schnellsten den Regenbogen?

Das wird gebraucht

- 4–6 Sektkorken
- Fotokarton hell
- Tonpapier in verschiedenen Farben
- Regenbogenpapier
- Filzstifte
- Lackfarben
- Lineal
- Pinsel
- Schere
- Flüssigklebstoff
- Holzwürfel

Male auf die Wolken Pfeile, sie zeigen die Laufrichtung an.
Als Spielfiguren benutzt man Sektkorken, jeder mit einer anderen Farbe bemalt.
Auf dem Holzwürfel bringst du auf jeder Seite ein anderes Motiv der Spielfelder an, d. h. auf eine Seite klebst du einen Mond, auf die nächste einen Pilz usw.

Du kannst auch Geschenkpapier mit verschiedenen Motiven verwenden. Die Motive sollten mehrmals auf dem Papier zu finden sein. Schneide jedes Motiv einige Male aus und klebe es in die einzelnen Quadrate.

So wird's gemacht

Schneide den hellen Fotokarton auf die Maße 50 x 50 cm. Unterteile diese Fläche in 5 x 5 cm große Quadrate.
Beklebe den oberen Rand mit dem Regenbogenpapier, falls du kein Regenbogenpapier hast, kannst du den Regenbogen auch aufmalen.
Schneide aus Tonpapier verschiedene Formen, z. B. eine Blume, einen Tannenbaum, eine Wolke, ein Herz, einen Pilz und einen Mond. Male dem Mond die Augen und den Mund auf, verziere die Blumen und bemale die Pilze mit weißen Punkten.
Wenn du alle Formen fertig geschnitten hast, wird in jedes Quadrat eine andere Form hineingeklebt. Aus braunem Tonpapier schneidest du eine Leiter und klebst sie dann über mehrere Kästchen auf das Spielfeld. Die Leiter ermöglicht es den Spielern, schneller von einer Reihe in die nächsthöhere Reihe zu gelangen.
Beklebe das erste Kästchen unten links, es ist das Startfeld, ebenfalls mit Regenbogenpapier. Lass dir von einem Erwachsenen das Wort »Start« daraufschreiben, oben rechts auf den Regenbogen kommt das »Ziel«.

Spielregel

Alle Mitspieler stellen ihr Männchen auf das Startfeld.
Es wird reihum gewürfelt. Man darf immer auf das Feld vorrücken, dessen Motiv auf dem Würfel zu sehen ist.
Kommt man zu einer Leiter, darf man auf der Leiter nach oben rutschen, die Leiter ermöglicht ein schnelleres Vorankommen.
Jeder Mitspieler muss als Letztes einen Tannenbaum würfeln, um auf den Regenbogen hüpfen zu dürfen.
Sieger ist der Spieler, der als Erstes den Regenbogen erreicht hat.

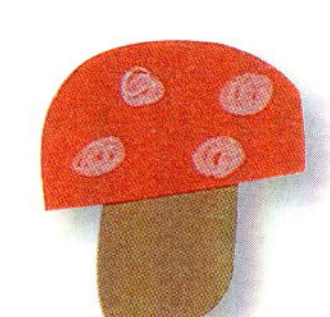

START

Käferrasseln

Welche Käfer klingen gleich?

Das wird gebraucht

- 6–10 Trinkjoghurtflaschen
- Fotokarton rot
- Lackfarbe rot, schwarz
- Füllmaterial Steine, Reis, Glöckchen, Stäbchen usw.
- Schere
- Flüssigklebstoff

Vorlage auf Seite 62

So wird's gemacht

Die Trinkjoghurtflaschen werden zu Marienkäfern. Dazu die Fläschen mit schwarzer Farbe bemalen. Nach dem Trocknen jedem Käfer Augen, Nase und Mund aufmalen. Übertrage die Flügel von der Vorlage auf dünne Pappe und verwende sie als Schablone. Aus dem roten Fotokarton schneidest du für jeden Käfer die Flügel, die du am Rücken anklebst. Auf die Flügel malst du einige Punkte, aber bei jedem Käfer die gleiche Anzahl an Punkten aufmalen!
Die Punkte immer an den gleichen Stellen anbringen, damit man nicht mogeln kann und die Käfer wiedererkennt.
Die Käfer mit Steinen, Glöckchen, Stäbchen, Reis, Nudeln, Knöpfen, Korkenstückchen usw. füllen. Zwei Käfer müssen immer das gleiche Material beinhalten. Die Flasche verschließen.

Spielregel

Nimm immer zwei Käfer nacheinander, schüttle sie und versuche zu erkennen, ob die beiden Käfer die gleichen Geräusche machen.
Wenn ein Käfer anders klingt, nimm den nächsten Käfer und höre, ob dieser das gleiche Geräusch erzeugt.

TIPP

Falls du nicht so viele Trinkjoghurtfläschchen hast, kannst du auch Streichholzschachteln verwenden.

Ran an den Wintervorrat!

Maus, Hase und Co sammeln ihren Wintervorrat ein

Das wird gebraucht

- Papierfläche groß, fest, beliebige Farbe
- Tonpapier grün, braun, gelb, orange, rot
- 4 Filmdosen
- Moosgummistücke
- Watte
- Fellstücke
- kleine Knöpfe oder Wackelaugen
- Nylonfaden
- Filzstift wasserfest, schwarz
- Filzstift rot, braun, lila
- Lackfarbe weiß, braun, grau
- Haselnüsse, Kastanien, Eicheln, Holzbeeren usw.
- Heu
- Pinsel
- Schere
- Flüssigklebstoff
- Holzwürfel

Vorlage auf Seite 62

So wird's gemacht

Du überlegst dir, wie groß das Spielfeld werden soll und schneidest es aus festem Papier zurecht. Verschiedenfarbige Blätter dienen als Spielfeld. Nutze hierfür die Vorlage. Je mehr Blätter es sind, desto länger dauert eine Runde und jedes Tier kann ganz viele Früchte einsammeln.
Die ausgeschnittenen Blätter legst du zu einem Rundlauf auf das Spielfeld und klebst sie, wenn dir der Weg gefällt, auf die Spielfläche. Lasse dabei an jeder der vier Ecken ein wenig Platz, um das Heu für die Höhle der Tiere anzukleben.
Auf die Blätter malst du nun abwechselnd alle Früchte, die dir zur Verfügung stehen.
An jede Ecke kommt ein Heuhaufen.

Den Holzwürfel bemalst du auf einer Seite mit einer Katze, auf den anderen Seiten mit Punkten von 1–3. Die Filmdosen benötigst du für die einzelnen Tiere. Ein weiß bemalte für die Maus, eine graue für die Spitzmaus, eine rotbraune für das Eichhörnchen und für den Hasen eine dunkelbraune. Schneide dir die für jedes Tier typischen Ohren aus Moosgummi oder Tonpapier zurecht und klebe sie an die Filmdose. Als Augen kannst du Wackelaugen oder kleine dunkle Knöpfe verwenden. Die Nase ist aus Moosgummi oder Pappe, vor dem Ankleben werden bei allen Tieren ein paar Barthaare aus Nylonfadenstücken oder Nähgarn daruntergelegt.
Der Hase bekommt ein Schwänzchen aus Watte, die Mäuse aus rosa Moosgummi und das Eichhörnchen aus einem Fellstück.

Als Wintervorrat können künstliche Früchte verwendet werden. Wenn du keine Lackfarbe hast, kannst du die Filmdosen mit Papier überziehen.

Spielregel

Jedes Tier sucht sich seine Höhle, die dann der Ausgangspunkt für das Spiel ist. In der Spielfeldmitte liegen alle Früchte.
Man würfelt nun reihum und geht immer um die Punktezahl vorwärts, die gewürfelt wurde. Nimm dir die Frucht, die auf dem Blatt aufgemalt ist, und sammle sie im Rücken der Tiere. Wenn du eine Katze würfelst, musst du wieder eine Frucht abgeben. Falls schon ein Tier auf dem Feld steht, das du nun ansteuern sollst, stellst du dich einfach daneben hin. Jedes Tier muss das Spielfeld einmal umrunden. Wer hat die meisten Früchte eingesammelt?

Purzelmännchen

Wer ist am schnellsten unten angekommen?

Das wird gebraucht

- Klopapierrollen
- Pappe dünn
- Filz in verschiedenen Farben
- Wackelaugen
- große Murmeln
- Schere
- Flüssigklebstoff

TIPP

Ihr könnt die Männchen auch im Freien purzeln lassen, wenn ihr einen trockenen Untergrund habt.

So wird's gemacht

Schneide für den Körper die Klorolle in der Mitte durch, sodass du zwei etwa gleich lange Teile hast. Klebe die Rolle mit der Öffnung auf ein Stück Pappe und schneide am Rand herum, damit die Rolle verschlossen ist. Stelle die Rolle nun auf ein Stück Filz und schneide einen Kreis aus, der im Durchmesser etwas größer als die Klorolle ist. Klebe die geschlossene Seite der Rolle auf dem Filz fest. Wenn der Klebstoff getrocknet ist, schneide den überstehenden Filz rundherum ein und klebe ihn an der Rolle fest.

Stecke die Murmel in die Klorolle und verschließe die zweite Seite ebenso wie die erste Seite. Umwickle dann die Klorolle an den noch freien Stellen mit einem zugeschnittenen Filzstreifen und klebe ihn fest. Die Arme und Beine werden auch aus Filz angefertigt, ebenso das Haarbüschel.

Klebe dem Purzelmännchen die Wackelaugen auf und schneide aus Filz die Nase und den Mund für jedes Männchen. Nase und Mund sollten in einer anderen Farbe als das Männchen sein.

Spielregel

Lege ein großes Buch oder ein Brett schräg auf eine Unterlage und lasse die Männchen herunterpurzeln. Du kannst auch ein Wettpurzeln veranstalten, indem du mehrere Männchen gleichzeitig herunterpurzeln lässt.

Wo ist's versteckt?

Wer kann am besten beobachten?

Das wird gebraucht

- 3–5 Joghurtbecher
- Filz hautfarben, blau
- Pompons rot
- Knöpfe
- Watte
- Schere
- Flüssigklebstoff

So wird's gemacht

Überziehe alle Joghurtbecher mit dem hautfarbenen Filz. Falls du keinen Filz zur Hand hast, kannst du auch Tonpapier nehmen.
Jeder Zwerg bekommt eine Mütze, die aus einem Filzhalbkreis entsteht. Schneide dazu einen Halbkreis, den du zu einer Tüte drehst.

Klebe die Tüte um den Kopf, knicke die Spitze um und klebe sie nach unten.
Klebe um den Kopf und das Gesicht Watte als Haare und Bart. Für die Augen verwendest du Knöpfe. Als Nase kannst du einen Pompon oder einen Knopf verwenden.

Spielregel

Unter einem Zwerg wird ein Gegenstand, oder etwas Süßes, versteckt. Nun werden die Zwerge ganz schnell auf dem Tisch hin- und hergeschoben. Dein Mitspieler soll nun erraten, unter welchem Zwerg das versteckte Teil verborgen ist.

TIPP

Fixiere mit einer Wäscheklammer die umgebogene Mützenspitze, dann brauchst du sie nicht festzuhalten.

Fuchs und Hase

Welcher Hase ist schlauer als der Fuchs?

Das wird gebraucht

- Fotokarton braun
- Tonpapier hell- und dunkelgrün
- Acrylfarbe weiß, gelb, rot, blau, grün, braun
- Korken
- Schere
- Papierklebstoff
- Spielmännchen
- Holzwürfel

Vorlage auf Seite 61

So wird's gemacht

Verwende den braunen Fotokarton als Spielfeld. Übertrage den Tannenbaum von der Vorlage auf dünne Pappe und verwende sie als Schablone. Schneide aus dem hell- und dunkelgrünen Tonpapier so viele Tannenbäume aus, dass du rund um das ganze Spielfeld die Tannenbäume kleben kannst. Wechsle mit den hell- und dunkelgrünen Tannenbäumen ab.

Stemple nun die Wege für die Hasen und die Füchse. Die Hasen sollen den längeren Weg über die Längsseite benutzen, für die Füchse werden die Wege der Querseite gestempelt.

TIPP

Schütte von jeder Farbe ein bisschen auf ein Blatt Papier, dann kannst du die Korken in die Farbe eintauchen, ohne umständlich jeden Korken mit einem Pinsel zu bemalen.

Spielregel

Ein Kind nimmt diverse gelbe oder rote Spielsteine als Hasen, ein anderes Kind schwarze Spielsteine als Füchse. Die Hasen müssen nun versuchen, alle zusammen von einer zur anderen Spielfeldseite zu kommen, indem sie immer um die gewürfelte Augenzahl vorangehen dürfen. Die Füchse dürfen die Wege von der einen zur anderen Querseite des Spielfeldes benutzen, dabei können sie vor- und zurückgehen. Die Hasen dürfen nur von unten nach oben zu ihrem Bau laufen. Auf den weißen Feldern kann der Fuchs sich einen Hasen schnappen. Der Fuchs darf auch die Wege wechseln, der Hase muss auf seinem Weg bleiben. Wenn ein Hase erwischt wird, kommt er in den Fuchsbau.

Ziel: So viele Hasen wie möglich sollten die gegenüberliegende Seite erreichen. Ihr könnt vereinbaren, dass das Spiel zu Ende ist, wenn eine bestimmte Hasenanzahl ihren Bau erreicht hat oder wenn der Fuchs eine bestimmte Anzahl an Hasen erwischt hat.

Drachenflug

Der Drachen, der seine Schleifen verlor

Das wird gebraucht

- Fotokarton in verschiedenen Farben
- Filzstift schwarz
- Acrylfarben
- Schere
- Flüssigklebstoff
- Holzwürfel

Vorlagen auf Seite 63

So wird's gemacht

Fertige eine Schablone von dem Drachen an, da du ihn mehrmals benötigst.
Suche dir vier verschiedene Farben für die Drachen aus. Jeder Drachen wird auf einen Untergrund geklebt, verwende dazu dünne Pappe oder einen hellen Fotokarton. Verziere den Drachen mit Augen, Nase und Mund sowie Büscheln oben am Kopf und rechts und links vom Gesicht.
Du benötigst viele Schleifen in fünf verschiedenen Farben.
Male mit dem schwarzen Filzstift die Drachenschnur auf den Untergrund, sie sollte sehr geschlängelt sein, um möglichst viele Schleifen für das Spiel darauflegen zu können.
Male den Holzwürfel an fünf Seiten an, und zwar mit den Farben, die du für die Schleifen verwendet hast. Auf die freie Seite kommt eine +1.

Lege immer zwei Papiere aufeinander, dann kannst du gleich zwei Schleifen auf einmal ausschneiden.

Spielregel

Jedes Kind sucht sich einen Drachen aus. Es werden bei jedem Mitspieler gleich viele Schleifen auf die Drachenschnur gelegt. Jeder Mitspieler sollte also gleich viele Schleifen in Rot, in Blau, in Gelb, in Orange und in Grün auf seiner Drachenschnur ablegen.
Würfelt nun reihum und nehmt immer die Schleife weg, deren Farbe ihr gewürfelt habt. Wer eine +1 würfelt, muss eine Schleife der zuletzt gewürfelten Farbe auf die Drachenschnur zurücklegen. Sieger ist, wer zuerst alle Schleifen einer Farbe von seiner Drachenschnur entfernt hat.

Murmelslalom

Welche Kugel ist am schnellsten durch alle Tore durch?

Das wird gebraucht

- Schuhkartondeckel
- 6 Klopapierrollen
- Tonpapier schwarz
- Styroporkugeln klein
- Acrylfarbe rot, gelb, blau
- Filzstift wasserfest, schwarz
- Pinsel
- Schere
- Flüssigklebstoff

So wird's gemacht

Male den Deckel des Schuhkartons mit einer Farbe an die dir gut gefällt, zuerst die Innenseite, dann die Außenseite. Schneide in alle Klorollen zwei Tore, die genau gegenüberliegen. Danach kannst du die Rollen in verschiedenen Farben bemalen.
Aus schwarzem Tonpapier kannst du das Dach für alle Türme anfertigen, schneide dazu für jedes Dach einen Halbkreis und drehe diesen dann zu einer Tüte. Benutze eine Büroklammer, um das Dach zusammenzuhalten, bis der Klebstoff getrocknet ist. Klebe zuerst die Rollen im Inneren des Deckels fest und setze ihnen dann das Dach auf.
Wenn du möchtest, kannst du noch Styroporkugeln bemalen und als Verzierung aufkleben.
Mit schwarzem Stift zeichnest du den Weg, auf dem die Kugel rollen soll.

Spielregel

Lege die Murmel vor das erste Tor und versuche, so schnell wie möglich durch alle Tore zu kommen.

Wenn du zwei Deckel hast, kannst du zwei Spiele herstellen und mit Freunden um die Wette spielen.

Tastspiel

Wer kann richtig gut fühlen?

Das wird gebraucht

- Karton oder Bierfilze
- Stoff
- Watte, Schleifpapier, Fell, Obstnetz etc.
- Holzperlen
- Band
- Nadel
- Schere
- Flüssigklebstoff

So wird's gemacht

Verwende am besten Bierfilze, die du sicher in einem Restaurant bekommst. Falls du keine Bierfilze findest, kannst du aus Pappe viele gleich große Kreise oder Quadrate schneiden.
Es muss feste Pappe sein, denn auf jedes Teil wird ein anderes Material aufgeklebt. Beklebe immer zwei Teile mit demselben Material.
Aus Stoff kannst du ein Säckchen anfertigen. Ein Erwachsener fädelt dir ein Stück Band in eine Nadel und du nähst den Rand entlang. Wenn du einmal herumgekommen bist, werden die beiden Bandenden zusammengezogen. Fädle an jedem Ende des Bandes eine Holzperle auf, dann kann das Band nicht aus den Löchern rutschen.

TIPP

Nimm zum Nähen eine Sticknadel, diese ist nicht spitz und du stichst dich nicht.

Spielregel

Alle Karten sind im Säckchen. Nun greifst du hinein und versuchst durch Ertasten immer die beiden gleichen Karten herauszufischen. Dieses Spiel kannst du allein spielen oder mit einem Mitspieler.
Wenn ihr zu zweit seid, kann immer ein Spieler eine Karte herausholen, der andere muss das Gegenstück dann durch Ertasten finden.

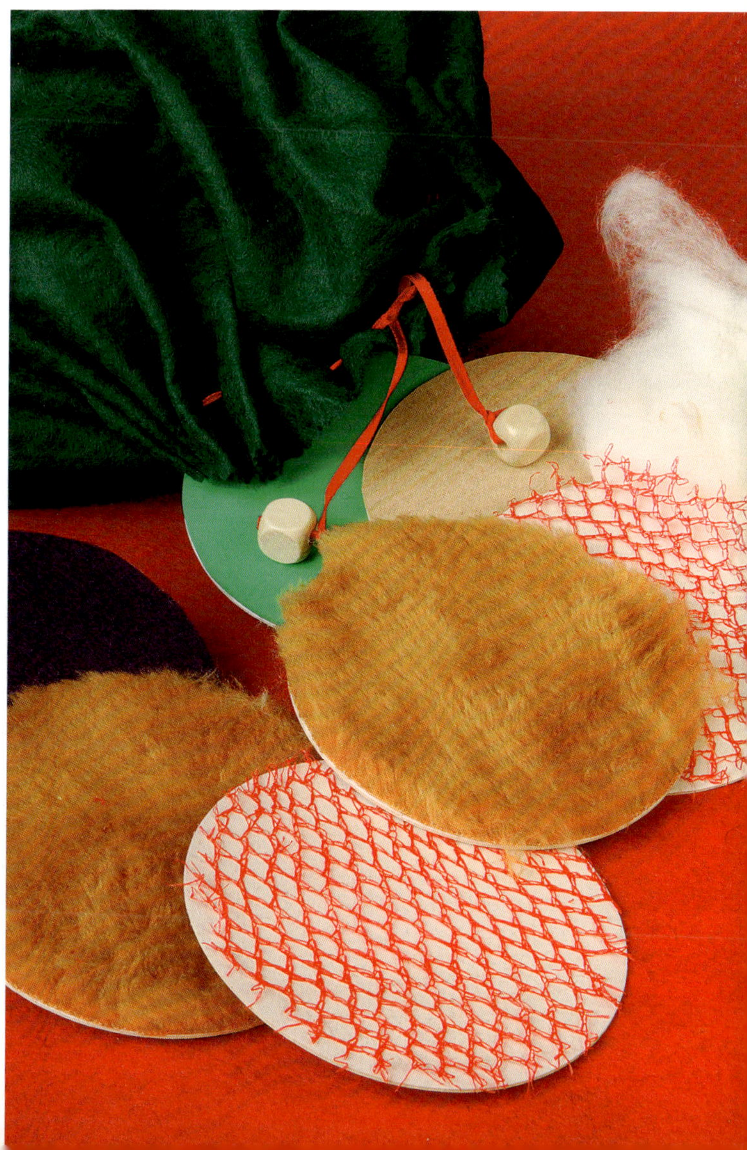

Obstteller

Wer hat die meisten Vitamine?

Das wird gebraucht

- Fotokarton in verschiedenen Farben
- Filzstifte in verschiedenen Farben
- Strohhalme
- Schere

Vorlagen auf Seite 62 und 63

So wird's gemacht

Aus weißem Fotokarton schneidest du für die Teller gleich große Kreise aus. Schneide einen größeren Teller aus, der die Obstschale für die Mitte des Tisches darstellt. Du kannst die Teller noch mit bunten Mustern verzieren.
Aus rotem Fotokarton werden die Äpfel, aus grünem die Birnen, aus blauem die Pflaumen, aus gelbem die Bananen, aus lila die Trauben und aus orangefarbenem die Orangen geschnitten.

Übertrage dazu von der Vorlage jede Obstsorte auf dünne Pappe und verwende sie als Schablone.

Spielregel

Legt alle Früchte in die Mitte auf den großen Teller, jeder Spieler nimmt sich einen kleinen Teller, auf den er seine Früchte, die er vom Teller in der Mitte gesaugt hat, ablegt.
Versucht nun um die Wette von jeder Obstsorte ein Stück auf eurem Teller abzulegen. Dazu müsst ihr mit dem Strohhalm eine Frucht ansaugen und zum Teller heben. Wem eine Frucht herunterfällt, muss diese noch einmal in die Mitte legen und neu beginnen.

Nimm zum Aufsaugen der Früchte kürzere Strohhalme, dann tust du dir leichter beim Transport der Früchte.

Kugellauf

Wer kann seine Kugel am schnellsten auf einem Löffel balancieren?

Das wird gebraucht

- Styroporkugeln
- Lackfarben
- Schaschlikstäbchen
- Pinsel
- Löffel

So wird's gemacht

Male die Styroporkugeln mit verschiedenen Farben an. Wenn du Lust hast, kannst du die Kugeln noch mit Mustern verzieren.

TIPP

Stecke die Styroporkugeln zum Bemalen auf einen Schaschlikstab, so kannst du die Kugel gut in alle Richtungen drehen. Zum Trocknen steckst du den Stab in einen Blumentopf mit Erde.

Spielregel

Stellt euch in zwei Reihen hintereinander auf. Immer das erste Kind einer Reihe nimmt einen Löffel und legt eine bunte Kugel darauf.
Auf ein Kommando laufen die beiden Kinder nun um die Wette zu einem vorher ausgemachten Ziel, dabei darf die Kugel nicht vom Löffel fallen. Wenn die Kugel herunterfällt, muss die Kugel wieder auf den Löffel gelegt werden, man muss genau von dem Punkt, an dem die Kugel heruntergefallen ist, weiterlaufen. Wer schafft es am schnellsten die Kugel ins Ziel zu bringen?

Stäbchenspiel

Wer die ruhigste Hand hat, bekommt die meisten Stäbchen

Das wird gebraucht

- Schaschlikstäbe
- Lackfarben
- Pinsel

So wird's gemacht

Die Schaschlikstäbe werden in verschiedenen Farben angemalt, immer mehrere Stäbe in einer Farbe.
Male zuerst die obere Hälfte der Stäbe an, nach dem Trocknen dann die untere.

Stecke die Schaschlikstäbe zum Trocknen in einen Blumentopf oder eine Styroporplatte.

Spielregel

Nimm alle Schaschlikstäbe in eine Hand und halte sie gut fest. Öffne deine Hand und lasse alle Stäbe auf den Tisch fallen. Nun wird ein Schaschlikstab nach dem anderen vorsichtig vom Tisch weggenommen. Sobald sich ein anderer Schaschlikstab dabei bewegt, muss man mit dem Wegnehmen aufhören und der nächste Spieler ist an der Reihe.
Es gibt verschiedene Möglichkeiten das Spiel zu spielen.
Entweder bekommt jede Schaschlikstabfarbe eine andere Punktzahl, z. B. rot bekommt zwei Punkte, blau bekommt drei Punkte usw.
Oder Sieger ist, wer von jeder Farbe ein Stäbchen ergattert hat.

Enten schwimmen um die Wette

Wer hat die meiste Puste?

Das wird gebraucht

- Schwimmsteine
- Fimo gelb
- Lackfarbe weiß, rot, blau
- Filzstift wasserfest, schwarz
- Pinsel
- Sekundenkleber

So wird's gemacht

Die Schwimmsteine lackierst du mit blauer Farbe, zuerst die Unterseite, dann die Oberseite. Danach kannst du mit weißer Farbe Wellen auf die Steine malen.

Aus Fimo formst du kleine Enten. Den Kopf auf den Körper setzen und den Schnabel gut andrücken. Die Enten im Ofen nach Anleitung härten, dabei soll dir ein Erwachsener behilflich sein. Wenn die Enten hart sind, kannst du den Schnabel mit roter Farbe bemalen und mit wasserfestem Stift die Augen aufmalen. Die Enten sollen von einem Erwachsenen mit Sekundenkleber mittig auf die Steine geklebt werden.

Spielregel

Eine Schüssel halbhoch mit Wasser füllen und die Enten hineinsetzen, für jeden Teilnehmer eine Ente. Arme hinter den Rücken und nur durch Pusten seine Ente von der einen zur anderen Schüsselseite befördern.

TIPP

Sekundenkleber gehört nicht in Kinderhände!

Wer findet die meisten Pilze?

Alle Pilze ins Körbchen!

Das wird gebraucht

- Schuhkarton
- Sektkorken
- Papier braun
- Lackfarbe braun, rot, weiß
- Pinsel
- Schere
- Papierklebstoff
- Flüssigklebstoff

So wird's gemacht

Einen Teil der Sektkorken kannst du als Steinpilze, den anderen Teil als Fliegenpilze gestalten. Fliegenpilze sind weiß und rot, Steinpilze braun.
Den Schuhkarton zu einem Korb umfunktionieren. Mit dem dünnen braunen Papier beklebst du die Schachtel innen und außen. Aus dem gleichen Papier kannst du dann einen Henkel anbringen. Für den Korb brauchst du wahrscheinlich ein wenig Hilfe von einem älteren Kind oder einem Erwachsenen.

Wenn du noch mehr verschiedene Farbtöne zur Verfügung hast, kannst du noch viele andere Pilze gestalten.

Spielregel

Alle Teilnehmer versuchen aus einer bestimmten Entfernung die Pilze in den Korb zu treffen. Wer trifft am besten?

Gespensterkegeln

Wer schmeißt die meisten Geister um?

Das wird gebraucht

- 10 Getränkeflaschen klein, leer
- Fotokarton schwarz
- Styroporkugel oder Tennisball
- Lackfarbe oder Fingerfarbe schwarz, orange, weiß
- Pinsel
- Schere
- Flüssigklebstoff

So wird's gemacht

Fünf Flaschen bemalst du mit weißer, fünf mit schwarzer Farbe.
Wenn die Farbe getrocknet ist, malst du die Gesichter auf, aus den weißen Flaschen werden Geister, aus den schwarzen Flaschen entstehen Fledermäuse.
Aus schwarzem Fotokarton kannst du den Fledermäusen die Flügel basteln, so wie sie dir gefallen. Die Flügel an der Rückseite der Flasche mit Klebstoff befestigen.
Aus der Styroporkugel wird der Kürbis, mit dem ihr die Geister umrollen sollt. Die Kugel orange bemalen und mit schwarzer Farbe das Kürbisgesicht aufmalen.
Ihr könnt auch einen Tennisball zu einem Kürbis umfunktionieren.

TIPP

Nehmt die Flaschen von pfandfreien Getränken.

Spielregel

Die Figuren als Gruppe aufstellen.
Überlegt euch eine Entfernung zu den Figuren von der aus jeder die Chance hat, die Geister und Feldermäuse zu treffen. Ihr könnt eine Schnur als Startlinie auf den Boden legen.
Nacheinander versucht ihr nun, die Figuren umzuwerfen.
Die Figuren nach jedem Versuch wieder aufstellen.

Wuschel jonglieren

Wer schafft es mit mehreren Wuscheln zu jonglieren?

Das wird gebraucht

- Styroporkugeln oder Tennisbälle
- Krepppapier
- Bänder bunt
- Filzstifte rot, schwarz
- Schere

TIPP

Du musst aufpassen, wenn es draußen nass ist, denn bei Feuchtigkeit färbt das Krepppapier ab.

So wird's gemacht

Schneide dir ein großes Stück Krepppapier in einer beliebigen Farbe ab und wickle die Styroporkugel oder den Tennisball hinein. Mit einem bunten Band bindet man das Krepppapier zusammen, sodass der Ball fest von dem Krepppapier umwickelt ist.
Schneide dann mit der Schere das Krepppapier in dünne Streifen.
Wenn du möchtest, kannst du jedem Wuschel noch ein Gesicht aufmalen oder aufkleben.

Spielregel

Du kannst mit den Wuscheln jonglieren, sie durch einen Reifen werfen oder sie mit einem Mitspieler hin und her werfen. Das Jonglieren ist gar nicht so einfach. Du solltest zu Beginn mit recht schweren Bällen anfangen, es eignen sich Bälle, die z. B. mit Sand oder Reis gefüllt sind. Wichtig ist, dass sie in eine Hand passen und nicht zu rutschig sind.
Nimm erst mal nur zwei Bälle, in jede Hand einen. Um ein Gefühl für sie zu bekommen, wirf sie abwechselnd gerade vor deinem Körper in die Luft, und versuche sie mit der gleichen Hand wieder aufzufangen. Beim nächsten Schritt wirfst du sie gleichzeitig nach oben. Dann wird es noch etwas schwieriger: Wenn du Rechtshänder bist, wirfst du den Ball in deiner rechten Hand gerade in die Luft, den Ball in der linken Hand gibst du schnell der rechten und fängst den ersten Ball mit der Linken wieder auf. Linkshänder beginnen mit der linken Hand. Das braucht viel Übung, aber du wirst sehen, wenn du den Dreh raus hast, geht es schnell richtig gut.
Der nächste Schwierigkeitsgrad besteht darin, einen dritten Ball einzufügen. Das solltest du aber erst versuchen, wenn du dich mit zwei Bällen sicher fühlst. Also, zwei Bälle nimmst du in die rechte Hand, einen in die linke. Wirf den ersten Ball nach oben, recht hoch, damit er lange in der Luft bleibt. Wirf den zweiten hinterher, gib den Ball aus der Linken in die Rechte und fang schnell den ersten Ball mit der Linken auf! Linkshänder beginnen mit zwei Bällen in der linken Hand.

Fang die Spule

Wer ist flink und bringt alle Garnspulen in die Dose?

Das wird gebraucht

- 2 Erdnussdosen leer
- Papier bunt
- Holzstäbe
- 6 Garnspulen
- Bänder bunt
- Lackfarben
- doppelseitiges Klebeband
- Pinsel
- Hammer
- Ahle
- Schere
- Flüssigklebstoff

So wird's gemacht

Lass dir in den Boden der Dose von einem Erwachsenen ein Loch mit der Ahle bohren, dazu wird die Ahle auf die Stelle gehalten, wo das Loch sein soll. Mit dem Hammer leicht auf die Ahle schlagen, bis der Dosenboden ein Loch hat. Die Dose mit buntem Papier, Ton- oder Geschenkpapier überziehen.

Die Garnspulen kannst du mit verschiedenen Farben bemalen. Schneide von dem Geschenkband drei gleich lange Stücke ab und befestige je eine Garnspule an einem Band. Dazu gibst du etwas Klebstoff auf das Ende des Bandes und klebst es in das Loch der Spule hinein.

Fasse die drei Bänder zusammen und ziehe diese von außen durch den Dosenboden nach innen. Verknote die Enden mehrmals, der Knoten sollte so groß sein, dass er nicht durch das Loch im Boden gezogen werden kann.

Bemale die Holzstäbe, die etwa 50 cm lang sein sollten, mit Lackfarbe. Um die Dose auf dem Stab zu befestigen, bringst du am Boden der Dose ein Stück doppelseitiges Klebeband oder Klebepunkte an. Drücke den Stab dann ganz fest auf das Klebeband und verbinde somit Stab und Dose.

Falls du keine Garnspulen hast kannst du auch große Holzperlen verwenden.

Spielregel

Versuche alle drei Garnspulen in die Dose zu befördern. Es ist nicht einfach und verlangt viel Geduld. Wenn du mehrere Spiele anfertigst, könnt ihr um die Wette spielen. Wer hat zuerst alle drei Garnspulen in die Dose gebracht?

Kastanienflug

Wer schafft es, seinen Ring über den Stock zu werfen?

Das wird gebraucht

- Kastanien, Eicheln, Hagebutten
- Astscheiben
- Holzstab
- Holzbrett
- Blumendraht
- Zange
- Handbohrer
- Schraube

So wird's gemacht

Lass dir von einem Erwachsenen durch die Kastanien, Hagebutten, Eicheln und Astscheiben Löcher bohren. Zwicke mit der Zange ca. 40 cm Blumendraht ab. Auf den Blumendraht fädelst du wie bei einer Perlenkette die Kastanien, Eicheln, Astscheiben und Hagebutten auf.
Ein Erwachsener soll dir dann die Drahtenden zusammendrehen, sodass keine Frucht mehr vom Draht rutschen kann.
Befestige ein Stück Holz oder einen dickeren Ast auf einem Brett.

Spielregel

Jeder versucht nun, seinen Früchtering über den Ast zu werfen. Man kann eine bestimmte Anzahl von Würfen vereinbaren und dann die Treffer zusammenzählen. Wer hat nach 10 Würfen den Ring am häufigsten über den Ast gebracht?

TIPP

Statt Hagebutten kannst du auch rote Holzperlen verwenden.

Dosenwerfen einmal anders

Wer trifft die meisten Dosen?

Das wird gebraucht

- Konservendosen unterschiedlicher Größen
- Lackfarben
- Moosgummistücke
- Papierschnipsel
- Zugfedern oder dicke Schnur
- Bänder bunt
- Ahle
- Hammer
- Pinsel
- Schere
- Flüssigklebstoff
- Tennisball

So wird's gemacht

In jede Dose mit Ahle und Hammer ein Loch in den Boden, zwei Löcher für die Arme und zwei Löcher für die Beine in die Seiten der Dose bohren. Dabei sollte dir ein Erwachsener helfen.
Die Dosen kannst du mit verschiedenen Farben bemalen. Das Gesicht kannst du aufmalen oder aus Papier aufkleben.
Für die Arme und Beine wird in jedes Loch ein Stück der Zugfeder gesteckt, du kannst Arme und Beine aber auch aus einer ganz dicken Schnur anfertigen. Hände und Füße schneidest du aus Moosgummi oder Fotokarton.
Für jede Hand und jeden Fuß brauchst du eine Vorder- und eine Rückseite, denn zwischen diese beiden Teile wird die Zugfeder oder die dicke Schnur geklebt. Die beiden Teile kannst du mit einer Wäscheklammer fixieren, das erspart langes Zusammendrücken der beiden Teile.
Als Haare kannst du Papierschnipsel verwenden, aber bevor die Haare aufgeklebt werden, sollte das bunte Band, das zum Aufhängen dient, in das Loch im Boden bzw. jetzt auf der Oberseite gefädelt werden.

Wenn du die Schnüre durch die Löcher gefädelt hast, musst du einen dicken Knoten machen, sodass die Arme, die Beine und der Aufhänger nicht mehr herausrutschen können.
Wenn du für Arme und Beine Zugfedern verwendet hast, kannst du die Drahtenden miteinander verdrehen.

Spielregel

Die Dosenmännchen werden nebeneinander an Bäumen im Garten aufgehängt. Mit dem Tennisball auf die Dosenmännchen werfen.
Es kann für jede getroffene Dose einen Preis geben. Oder es gibt für jede getroffene Dose einen Punkt. Wer hat nach z. B. 5 Durchgängen die meisten Punkte?

Zapfenvogelweitwurf

Geschicklichkeitsspiel für ein bisschen Ältere

Das wird gebraucht

- Fichtenzapfen
- Federn
- Klettband
- Wackelaugen oder Knöpfe
- Pappe
- Fotokarton grün, braun
- Filz gelb
- Schnur
- Lochzange
- Schere
- Flüssigklebstoff

Vorlage auf Seite 62

So wird's gemacht

Die Vögel kannst du aus den Fichtenzapfen basteln, die dicke Seite des Fichtenzapfens ist der Kopf des Vogels. Für die Augen kannst du Wackelaugen oder Knöpfe verwenden. Klebe zwischen die Schuppen des Fichtenzapfens einige Federn. Je mehr Federn du in die Schuppen klebst, desto wuscheliger sieht der Vogel aus.

An der Kopfseite wird auch das Klettband angeklebt, ungefähr dort, wo sich eigentlich der Schnabel befindet.

Der Baum entsteht aus Pappe, der Stamm sollte braun sein, die Krone des Baumes kannst du mit grünem Fotokarton überkleben. Schneide aus dem gelben Filz viele Äpfel aus und klebe sie auf die Baumkrone. Auf jeden Apfel klebst du das Gegenstück des Klettbandes, das an den Vögeln ist. Mit der Lochzange an der Spitze des Baumes ein Loch zwicken oder hineinbohren und ein Stück Schnur als Aufhänger durchziehen.

TIPP

Je dicker der Fichtenzapfen ist, desto größer kann die Fläche mit Klettband beklebt werden. So bleiben die Vögel leichter an den Äpfeln kleben.

Spielregel

Stellt euch alle in der gleichen Entfernung von dem Baum auf und versucht nun der Reihe nach, die Vögel auf die Äpfel zu werfen. Jeder Vogel, der an einem Apfel hängen bleibt, gibt einen Punkt.

Wer hat nach fünf Durchgängen die meisten Punkte?

Wurfspiel hungrige Katze

So eine gefräßige Katze

Das wird gebraucht

- Schachtel groß
- Filz rosa, grau
- Tonpapier in verschiedenen Farben
- Packpapier
- Knöpfe
- Steine
- Watte
- Nylonfaden
- Cutter
- Schere
- Flüssigklebstoff

So wird's gemacht

In die Schachtel lässt du dir von einem Erwachsenen ein großes Loch als Katzenmaul schneiden. Die Schachtel dann mit Papier überziehen, je nachdem ob du eine weiße, schwarze, graue oder braune Katze haben möchtest.
Male über dem Maul Katzenaugen auf und klebe deiner Katze am »Hinterkopf« noch Ohren aus zugeschnittenem Papier an. Noch gefräßiger wird sie, wenn man ihr Eckzähne ins Maul klebt.
Aus rosa und grauem Filz entstehen die Mäuse. Schneide aus grauem Filz einen Halbkreis, in den der Stein, der mit Watte umwickelt wird, passt.

TIPP

Du kannst auch alte Tennisbälle zu Mäusen umfunktionieren, indem du sie mit grauem Filz überziehst. Die weitere Gestaltung wird genauso wie bei den Filzmäusen vorgenommen.

Rolle den Halbkreis zu einer Tüte und stecke den Stein hinein. Mit Klebstoff wird der Halbkreis dann verschlossen.
Aus rosa Filz werden die Nase, die Ohren und der Schwanz geschnitten und an den Mauskörper geklebt. Als Augen verwendet man zwei Knöpfe.

Spielregel

Jedes Kind bekommt die gleiche Anzahl Mäuse. Von einer bestimmten Linie aus müsst ihr nun versuchen, möglichst viele Mäuse in das Maul der Katze zu werfen.

Dosenstelzenlauf

Wer kann sich am geschicktesten auf Dosenstelzen fortbewegen?

Das wird gebraucht

- Konservendosen
- Bänder bunt
- Lackfarben
- Pinsel
- Ahle
- Hammer
- Schere

So wird's gemacht

Bohre am Rand jeder Konservendose mit der Ahle zwei Löcher, die sich gegenüberliegen. Dies macht man mit Hammer und Ahle, aber dabei sollte dir ein Erwachsener helfen. Bewege die Ahle mehrmals in dem Loch hin und her, damit es etwas größer wird.

Bemale immer zwei Dosen mit der gleichen Farbe. Wenn die Farbe getrocknet ist, kannst du ein Gesicht oder bunte Muster aufmalen.
Schneide von den Bändern so lange Stücke ab, dass sie dir zwei Mal von den Füßen bis zu den Armen reichen.
Stecke in jedes Loch das Ende des Bandes und verknote es, es sind wahrscheinlich mehrere Knoten nötig, damit das Band nicht aus dem Loch herausrutschen kann.
Man steigt mit den Füßen auf die Dose und hält sie beim Gehen an den Bändern fest.

Spielregel

Jeder Mitspieler bekommt zwei Dosen. Du kannst auf der Straße einen Parcours aufmalen, den ihr um die Wette laufen müsst. Vorsicht, nicht umknicken!

Du kannst an den Enden des Bandes auch ein kleines Stöckchen oder einen Knopf anbinden, so wird vermieden, dass das Band aus dem Loch rutscht, wenn du dich beim Laufen daran festhältst.

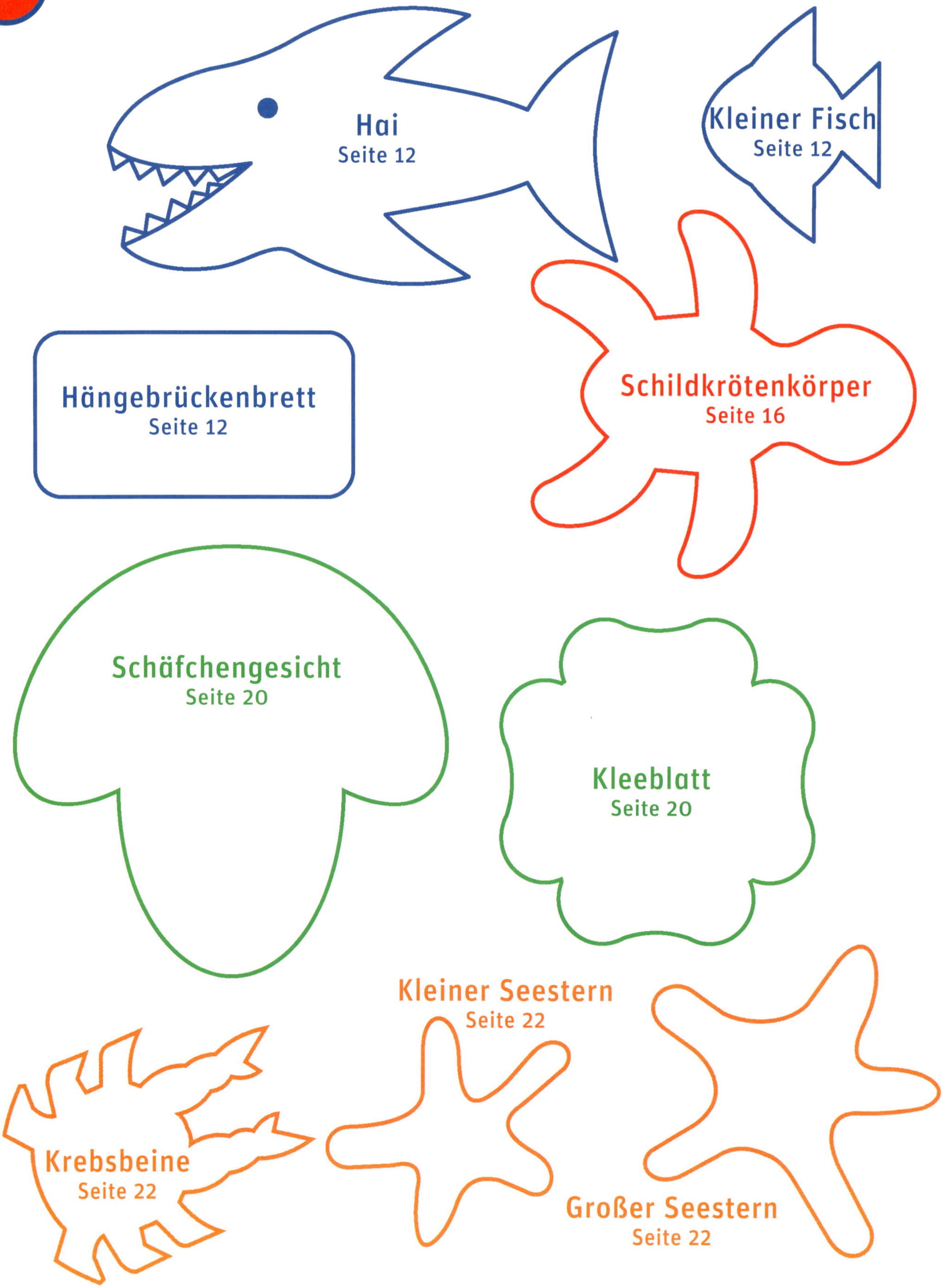
Hai
Seite 12
Kleiner Fisch
Seite 12
Hängebrückenbrett
Seite 12
Schildkrötenkörper
Seite 16
Schäfchengesicht
Seite 20
Kleeblatt
Seite 20
Kleiner Seestern
Seite 22
Krebsbeine
Seite 22
Großer Seestern
Seite 22

Kleiner Salatkopf
Seite 26

Großer Salatkopf
Seite 26

Blume
Seite 26

Kleiner Tannenbaum
Seite 30 und 40

Blatt
Seite 29

Sack
Seite 30

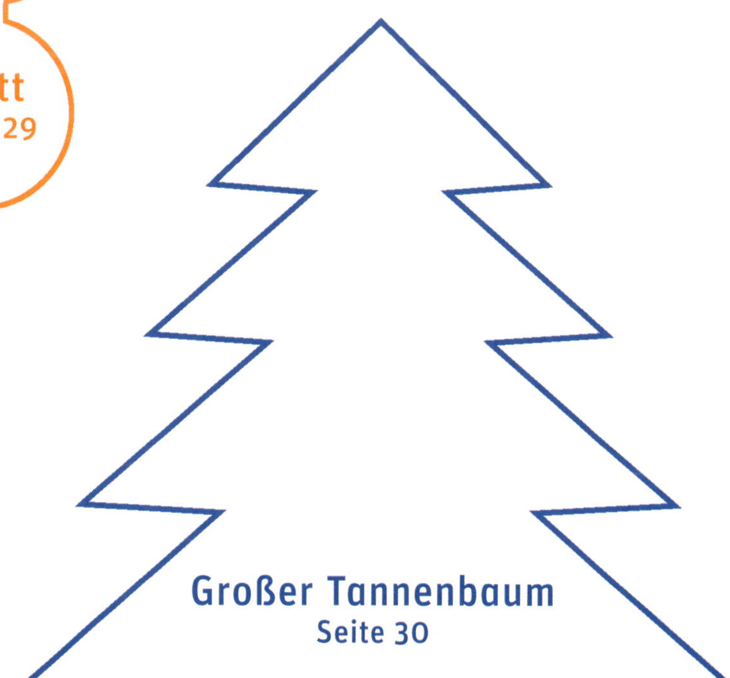
Großer Tannenbaum
Seite 30

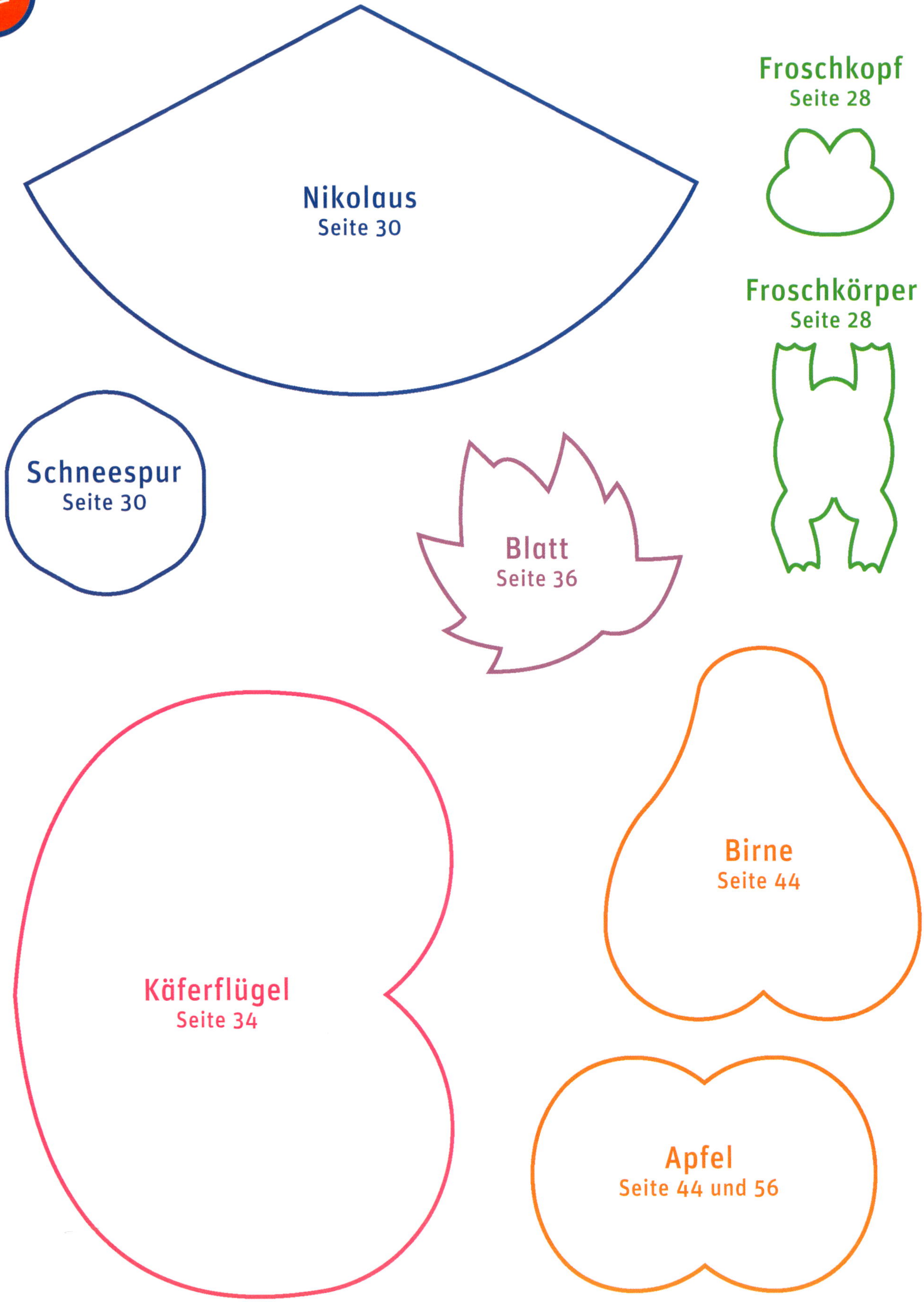
Nikolaus
Seite 30
Froschkopf
Seite 28
Froschkörper
Seite 28
Schneespur
Seite 30
Blatt
Seite 36
Birne
Seite 44
Käferflügel
Seite 34
Apfel
Seite 44 und 56

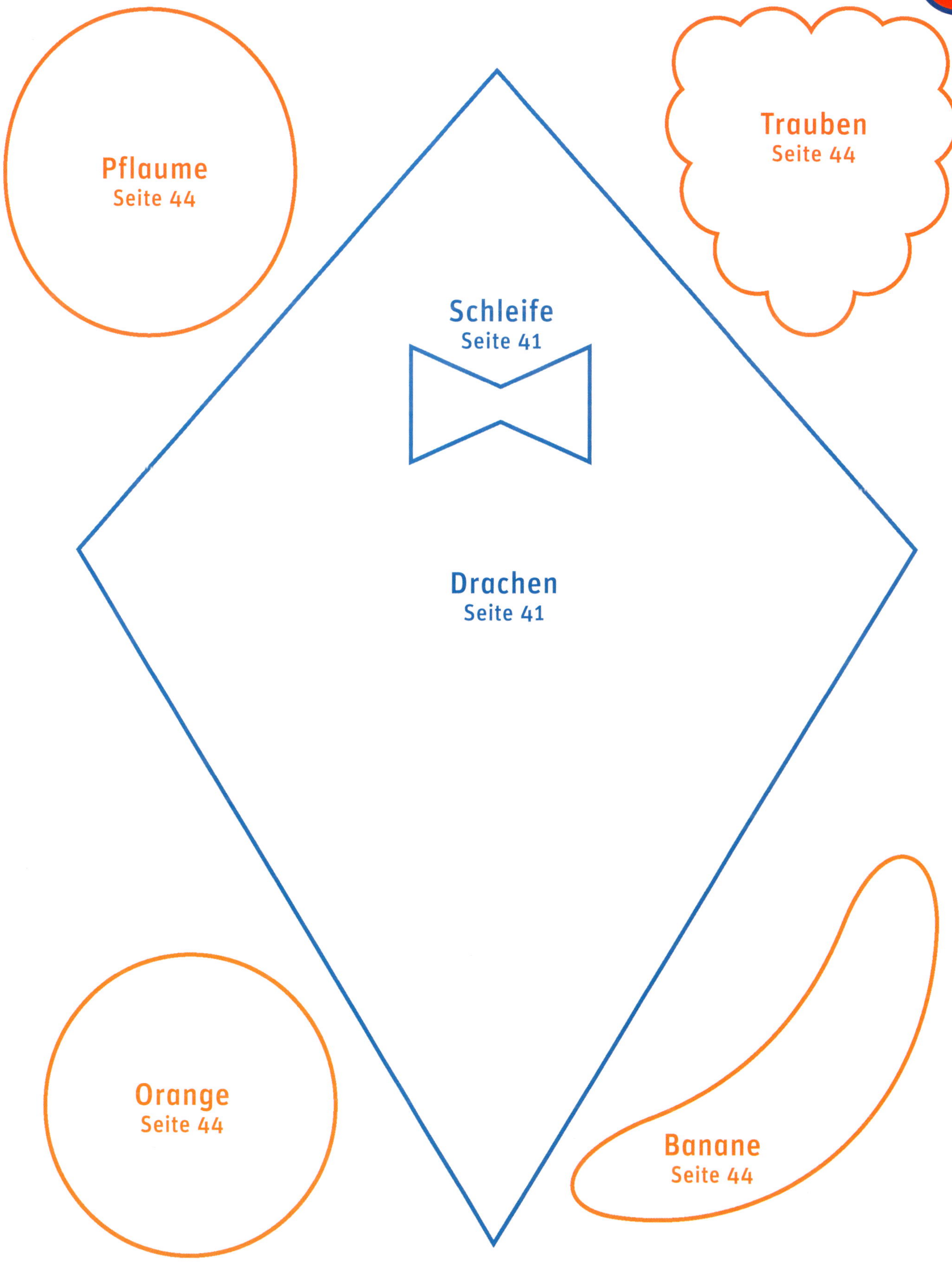
Pflaume
Seite 44
Trauben
Seite 44
Schleife
Seite 41
Drachen
Seite 41
Orange
Seite 44
Banane
Seite 44

Impressum

Bibliografische Information der Deutschen Nationalbibliothek

Die Deutsche Nationalbibliothek verzeichnet diese Publikation in der Deutschen Nationalbibliografie; detaillierte bibliografische Daten sind im Internet über http://dnb.d-nb.de abrufbar.

Wichtiger Hinweis

Die im Buch veröffentlichten Ratschläge wurden von Verfasserin und Verlag mit größter Sorgfalt erarbeitet und geprüft. Eine Garantie kann jedoch nicht übernommen werden. Ebenso ist eine Haftung der Verfasserin bzw. des Verlages und seiner Beauftragten für Personen-, Sach- oder Vermögensschäden ausgeschlossen.

Bildnachweis

Umschlagfoto und Fotos:
Annette Hempfling, Fofografie, München

Projektleitung und Redaktion: Henrike Heick
Herstellung: Mariam En Nazer
Layout und Satz: Gaby Herbrecht, Mindelheim
Umschlaggestaltung: griesbeckdesign, München
Reproduktion: Repro Ludwig, Zell am See
Druck und Bindung: Firmengruppe APPL, aprinta druck, Wemding

Printed in Germany

ISBN 978-3-426-64739-4

5 4 3 2 1